DU

MODÉRANTISME

MAL INTERPRÉTÉ.

DU MODÉRANTISME

MAL INTERPRÉTÉ,

ET DE SES FUNESTES EFFETS;

VARIÉTÉS POLITIQUES

DÉDIÉES A LA SAINE RAISON,

Par A. H. EYDOUX,

Citoyen Français, Chef de la Division du Commerce, au Bureau
des Finances, à Turin.

Les erreurs des Gouvernemens entraînent des maux
toujours difficiles à réparer, et souvent irréparables.

Prix : 1 fr.

Chez
Dondey-Dupré, Imprimeur-Libraire, rue St.-Louis, n°. 46,
au Marais ; et rue Neuve St.-Marc, N°. 10.
Delaunay, Libraire, Palais-Royal, galerie de bois, n°. 243.
Pélicier, Libraire, première cour du Palais-Royal, n°. 1.

1815.

Ce Mémoire fut rédigé en l'an IX à Turin, mais il ne fut pas possible de le publier, à cause de la sévérité de la censure qui existait alors. On s'empresse de le publier aujourd'hui, très-persuadé que les maximes qu'il renferme ne seront pas inutiles dans les actuelles circonstances.

DU MODERANTISME

MAL INTERPRÉTÉ,

ET DE SES FUNESTES EFFETS.

Si la faculté de manifester publiquement son opinion est la plus belle prérogative de l'homme libre, l'on peut dire aussi qu'on ne saurait en faire un plus noble usage, que lorsqu'on s'en prévaut pour défendre les droits imprescriptibles des citoyens et l'intérêt général de la république. Ce sont là, les principes et les motifs qui nous ont toujours animé et qui nous engagent aujourd'hui à prendre la plume.

Tous les Républicains sont justement alarmés de l'abus outrageant qu'on a fait et qu'on continue de faire du *Modérantisme* qu'on entend prôner, avec emphase, de toute part, comme le seul et véritable pacificateur et restaurateur de tout le globe terrestre.

Rien de plus beau, sans doute, rien de plus édifiant et de plus louable dans l'homme que la modération ; mais il nous déplaît de le dire, rien ne ressemble moins, rien n'est plus contraire même à la modération, que le systême qu'on nous force d'adopter et qu'on nous présente sous le titre pompeux de *Modérantisme*.

En comparant la juste valeur de ce grand mot, à l'application qu'on en a faite jusqu'ici, aux effets qu'il a produits, et à ceux qu'il doit immanquablement produire, l'on serait quasi tenté de croire que ce systême a été expressément introduit pour confondre, paralyser, détruire, anéantir, tout ensemble, le bon et le mauvais esprit, et pour détacher entièrement les hommes de toute espèce de gouvernement républicain. Il ne nous sera pas difficile de démontrer, jusqu'à l'évidence, que ces conjectures ne sauraient être plus fondées.

La modération est cette sage retenue qui nous empêche de nous porter à des excès contre qui que ce soit, même contre les personnes qui auraient provoqué notre colère par quelque sorte d'agression, en fait ou en paroles.

La modération est un devoir tacitement imposé par les lois, puisqu'elles défendent, très-expressément, à quiconque de se payer ou de se venger de ses propres mains, quelles que soient la légitimité de sa créance, la réalité et l'énormité de l'insulte reçue, ou du crime commis contre sa personne ou ses propriétés.

La modération est une sorte de prudence que tout homme impartial et ami de la justice doit posséder. Elle est toujours accompagnée de cette prévoyance, qui calcule rigoureusement tous les degrés des maux et inconvéniens qui peuvent résulter d'une action peu ou mal réfléchie.

La modération est aussi cette vertu ou grandeur d'âme, qui nous induit à pardonner généreusement à nos agresseurs, afin de pouvoir ainsi les soustraire à la sévérité des lois auxquelles ils ont contrevenu. Mais par la raison même que cette modération généreuse est toujours libre et volontaire, on concevra aisément que ni le gouvernement, ni personne au monde n'ont le droit de l'exiger, de vive force, de la part de qui que ce soit (1).

---

(1) Cette remarque est si simple qu'elle ne doit pas être sujette à la moindre objection. Cependant nous venons de voir une violation manifeste de ce principe sacré, de la part du gouvernement, au préjudice des patriotes Piémontais, qui lors de l'invasion de leur patrie par les Austro-Russes, furent contraints de se réfugier en France.

A leur retour en Piémont, après la mémorable victoire de Marengo, ils trouvèrent leurs maisons saccagées et leurs propriétés dévastées. Les voleurs leur furent signalés, ils les firent traduire devant les tribunaux, en invoquant la sévérité des lois contre eux. Les procédures furent instruites ; elles étaient sur le point d'être jugées, et les patriotes volés et dépouillés allaient sous peu recevoir la juste indemnité qui leur était due par ces scélérats, lorsque tout-à-coup le général français qui était alors administrateur général de ces contrées, ordonna aux tribunaux de supprimer toutes ces procédures, et d'élargir les coupables qui étaient détenus, disant que le sistême du gouvernement français était le *Modérantisme,* et qu'il lui était expressément or-

La modération est encore le juste milieu entre l'extrême rigueur et l'extrême indulgence (1) ; elle est conséquemment la justice même. Partout où se trouve la modération, il y a également la justice ; car la modération étant l'ennemie irré-conciliable de toutes les passions, il s'en suit qu'on ne saurait être modéré sans être juste.

---

donné de le faire observer dans toute l'étendue du Pié-mont. C'est ainsi que ces pauvres patriotes ont été indignement sacrifiés par le prétendu *Modérantisme*, qui dans le fait n'est qu'un vrai despotisme qui pro-tège les fripons et avilit les honnêtes citoyens, en leur refusant justice.

Ces malheureuses victimes réclamèrent ensuite des indemnités du gouvernement; mais toutes leurs ten-tatives furent inutiles et ils durent se soumettre à la perte et à la dévastation de leurs biens, pour s'être mon-trés les amis et les partisans sincères de la République française, et pour avoir fait toutes sortes de sacrifices pour elle. *O tempora, o mores !* o abominable sistême !!!

(1) Cette définition ainsi que celles qui suivent, sont plutôt relatives et applicables aux gouvernans qu'aux gouvernés.

Les passions (1) nous entraînent impétueusement dans les excès, au lieu que la modération nous conduit au véritable but, c'est-à-dire à chose juste. *Modération et Justice* sont donc en ce sens deux mots synonimes.

La justice est généralement gravée dans tous les cœurs (2) et commandée par toutes les lois.

—————

(1) Toutes les passions sont généralement condamnables, parce qu'elles tirent l'âme de son assiette naturelle et l'empêchent souvent de bien diriger ses opérations. Là, où il y a la passion, il est rare que la raison y soit; et là où il n'y a plus de raison, il n'y a plus d'homme. Donc, tout ce qui fait perdre ou tout ce qui affaiblit la raison dans l'homme, est une chose condamnable, quand même le sujet qui aurait causé ce désordre serait un sujet louable. Il faut chérir et pratiquer la vertu; il faut détester et fuir le vice; il faut être patriote incorruptible ; mais, en toutes choses, il faut être modéré, et ne pas se laisser aveugler par la passion. L'excès partout est un défaut.

(2) Tous les hommes même les plus pervers savent distinguer le bien d'avec le mal; aucun d'eux n'ignore les punitions que les lois infligent à tel ou tel délit.etc.

Les lois sont l'expression de la volonté générale ; elles tendent au maintien du bon ordre fondé sur la sûreté et la garantie des personnes ainsi que des propriétés. Les lois sont donc les pro‑tectrices et les soutiens de la société ; elles veulent que la vertu soit récompensée et le vice réprimé : elles protègent l'innocent et punisse le coupable ; *mais elles ne transigent jamais avec personne !!!*

Donc tout acte, toute action, toute disposition, tout système enfin qui ne serait pas exactement conforme aux lois ; ne saurait ni ne pourrait prendre le nom de justice ou de *modération*, parce qu'il n'existe plus de justice *ni en deça, ni au dela des lois !!!*

Voilà quel est le tableau de la modération telle que nous la connaissons, et telle que nous croyons fermement qu'elle doit être. Il s'agit maintenant d'examiner s'il y a quelque chose de ressemblant dans le système établi sous le nom respectable *de modération.*

Donc on peut dire, avec certitude, que la justice est gravée dans tous les cœurs. Celui qui s'en écarte n'est pas excusable.

Imposer silence à tous, sans distinction, tant à celui qui a raison comme à celui qui a tort; jeter dans l'avilissement le patriotisme le plus pur en le traitant d'exalté; exercer toute sorte de complaisance et de condescendance envers les éternels et implacables ennemis de la liberté; mêler et confondre, avec indifférence, dans les emplois publics les royalistes les plus acharnés avec les républicains les plus fermes et les plus éclairés; laisser impunis tous les détracteurs et calomniateurs de la République; être sourd aux cris des malheureux patriotes qui demandent justice contre leurs persécuteurs; protéger les fanatiques les plus dangereux, qui font, sans cesse, leurs efforts pour entretenir le peuple dans une ignorance crapuleuse; commander même l'indulgence envers ceux qui ont prêché les croisades et qui ont figuré avec le célèbre Brandas-Lucioni (1) dans ses brigan-

____

(1) Chef d'une bande d'assassins qui précédait les armées Austro-Russes, lors de l'invasion du Piémont, en l'an 7, et qui commettait toute sorte de brigandages, de vols, d'assassinats etc., etc., au nom de Dieu, de la Religion et des Puissances ennemies.

dages et dans ses assassinats etc., etc. ; c'est là,
en abrégé, tout ce que nos modernes veulent
bien appeler *modération ;* ce sont là enfin les
préceptes qu'ils nous indiquent, et auxquels
ils nous forcent de nous soumettre dans la per-
suasion qu'ils doivent produire les effets les plus
salutaires.

Or, je demande si un pareil sistême n'est pas
plutôt fait pour révolter la saine raison, que pour
mériter les applaudissemens du public ? Je demande s'il y a un homme un tant soit peu ami des
lois et du bon ordre, qui ne soit pas scandalisé
de voir profaner ainsi les mots les plus sacrés et
décorer pompeusement du nom de modération
ce qui n'est dans le fait qu'un vrai et honteux
relâchement dans l'administration, une cessation
complète de justice, un sistême arbitraire, un
régime enfin qui fait baisser les yeux aux bons
et relever l'audace des méchans ?

Qui est-ce, en effet, qui pourrait se mépren-
dre dans la juste définition du *modérantisme ,*
tel qu'il existe ? qui est ce qui ne reconnaît pas
en lui un sistême vraiment destructeur, un foyer

de guerre civile , une insulte à la philosophie,
et une injustice envers les républicains ?

Qui est-ce qui ne sera pas persuadé que ce
Modérantisme est la source de l'égoïsme et de
l'insouciance ; que c'est lui qui perpétue les
dissentions domestiques , et qui éternise la guerre
extérieure par la facilité que les ennemis trouvent
à fomenter les esprits dans l'intérieur ?

Qui est-ce qui ne voit pas que ce fatal *Modérantisme* est un abus de pouvoir des premières
autorités constituées , et conséquemment une infraction aux loix et une disposition arbitraire ?
Qui est-ce qui ne sait pas que c'est lui qui a vomi
cette nuée de voleurs et de concussionnaires qui
ont dévasté et ravagé tous les pays où les armes
républicaines ont obtenu jadis du succès ? Que
c'est lui encore qui s'oppose au bonheur de l'Europe entière en faisant peser sur elle toutes les
calamités qui l'affligent et dont elle serait dé-
barrassée depuis long-tems , si un régime plus
juste avait remplacé celui de l'odieux *Modérantisme?*

Qui est-ce qui ne prévoit pas finalement que

cet affreux système , après avoir conduit la république de convulsions en convulsions , finira par l'entraîner (si on lui en donne le tems), dans l'abyme du royalisme ou de l'anarchie.

Plus je réfléchis sur les motifs qui peuvent avoir fait adopter cette sorte de *Modération*, moins je puis découvrir quel a été le but de ses fondateurs. Ont-ils voulu affermir la république, ou bien ont-ils voulu rétablir la royauté.

Dans le premier cas il est hors de doute qu'ils s'y seraient pris d'une manière bien mal-adroite, en suffoquant , comme ils l'ont fait, l'énergie républicaine.

Quant au second cas, il serait difficile de pouvoir le présumer, puisque les auteurs du *Modérantisme* sont crus républicains incorruptibles.

Quels sont donc les effets qu'ils se sont proposés d'obtenir de leur système ?... *L'anéantissement*, me dit-on, *de l'esprit de parti et de toutes les factions qui existent depuis la fondation de la république, au mépris du bon ordre et au préjudice de la tranquillité publique.*

L'intention est sans doute des plus louables ; il n'y a rien de mieux en vérité, que de dissiper et de détruire jusques dans ses racines, tout ce qui peut arrêter ou entraver la marche triomphante et glorieuse du sistême républicain ; mais pour faire une telle opération avec tout le succès qu'il convient d'espérer, je ne trouve pas qu'il soit nécessaire de confondre parmi les factieux, tous ces braves patriotes qui ont donné des preuves réitérées et non équivoques de leur sincère dévouement à la cause de la liberté, et qui, par une contenance ferme et constante, au milieu des périls qui les entouraient, ont toujours intimidé les royalistes, ainsi que tous les autres ennemis de la république.

Si l'on traite ces hommes de factieux, si on leur défend de propager les saintes maximes qu'ils professent, l'on peut bien aussi par une suite de la même opération, donner gain de cause à la royauté, puisqu'il n'y aura plus personne qui s'élevera contr'elle, puisqu'enfin elle ne trouvera plus d'obstacle dans l'exécution de ses complots et de ses perfides projets.

Je n'ignore pas qu'il y a eu des hommes qui, sous le manteau sacré de la philosophie et du patriotisme , ont commis de grands désordres et ont causé de grands scandales , soit par méchanceté ou seulement par ignorance. Je sais également qu'il existe encore de semblables hommes ; mais cette raison n'est pas suffisante, suivant moi , pour justifier l'introduction du *Modérantisme*, ni pour autoriser ses auteurs à traiter de factieux les amis les plus francs et les plus désintéressés de la république. Il y avait moyen de réprimer efficacement ces sortes d'abus, sans s'y prendre de cette manière ; or l'on me permettra d'observer que le terme de *factions* est ici employé abusivement, par les raisons que je viens de déduire, et par celles qui se trouveront ci-après démontrées.

En attendant j'ose soutenir que l'existence des factions dont on veut parler, et surtout leur longue durée dont on se plaint, sont plutôt une honte pour le gouvernement, qu'un reproche à faire aux prétendus factieux; car un gouvernement ne doit jamais souffrir qu'il y ait ouvertement d'autre parti dans le pays, que celui qui est décidèment favorable et sincérement attaché à l'ordre de choses *irrévocablement adopté*. Il doit enfin exiger d'une manière absolue que la république soit habitée par des républicains. Voilà la seule et vraie méthode d'éviter les factions, et de contenir les malveillans.

Les peuples sont toujours ce que leurs respectifs gouvernemens veulent qu'ils soient, et les gouvernemens ne doivent jamais permettre que les peuples soient différens de ce qu'ils doivent être ; c'est-à-dire, de ce que les lois exigent et veulent qu'ils soient.

De là, on peut poser, comme une seconde maxime également vraie, que *l'existence des partis et des factions, est la preuve la plus certaine de la faiblesse d'un gouvernement, et que la faiblesse d'un gouvernement est un état des plus dangereux pour toute la société, parce qu'elle engendre non-seulement les factions, mais encore, qu'elle entraîne l'inobservance des loix, le mépris du gouvernement, et ensuite la dissolution de toute espèce de bon ordre.*

Or, si le gouvernement a le droit, comme on n'en peut pas douter, d'exiger que le peuple soit tel qu'il doit être, il s'ensuit qu'il ne doit négliger aucun moyen pour parvenir à ce but, et que le plus valide qu'il puisse employer pour dissiper et même prévenir l'esprit de parti, consiste uniquement *dans l'exacte* et *sévère exécution des lois*. Il n'y a pas à opter ni à hésiter dans un semblable cas : *les lois seules sont les juges compétants et inappellables de toute dissention quelconque ; il faut qu'elles prononcent*. Tout autre moyen de douceur tendant à des réconciliations amicales, est arbitraire, illégal, impolitique, et pourrait conséquemment devenir funeste; car il ne faut pas oublier que *souvent l'on provoque les maux que l'on veut soigneusement éviter, en adoptant des fausses mesures*.

Il ne faut pas non plus, perdre de vue *que dans les grandes crises, les demi-mesures sont plus souvent nuisibles qu'utiles ;* et il faut également bien se rappeler que *tout gouvernement se rend lui seul responsable des maux qui surviennent, lorsqu'il était en son pouvoir de les éviter*.

Je ne puis pas réellement comprendre comme après dix ans de débats, de secousses, de changemens, etc., etc., on ne soit pas encore parvenu à être parfaitement pénétré de l'importance de toutes ces vérités. Cela prouve, (du moins selon moi), que les hommes, sans cesse guidés par le sot orgueil et la folle ambition de dominer, voulant toujours paraître plus grands qu'ils ne le sont, afin de parvenir plus facilement à leur but, c'est-à-dire, à l'élévation au-dessus des autres, ou à la prompte acquisition des richesses, négligent pour l'ordinaire les choses simples et faciles, pour s'occuper de ce qui est le plus souvent au-dessus de leur portée, pourvu qu'ils croient d'y trouver matière à satisfaire leur ambition, quand même ce serait quelquefois aux dépens de la sainte vérité. C'est ce qui fait que nous avons vu jusqu'ici, en plusieurs occcasions, des systêmes, des délibérations, des lois enfin, être l'ouvrage de l'intrigue et du caprice, plutôt que le fruit ou le résultat d'une impartiale et profonde méditation.

Delà on tire une autre conséquence qui

dérive nécessairement de la précédente ; c'est qu'au mépris de cette vertu vantée depuis tant de tems et jamais mise en pratique, le vil intérêt particulier ayant toujours prévalu malheureusement sur l'intérêt général, il s'ensuit que la chose publique a été constamment desservie par la plupart de ceux-là même, qui devaient à tous égards la servir.

Toutes ces remarques rappellent à mon souvenir une réflexion fort judicieuse, que fit un de mes amis sur la constitution de l'an 3.

« Cette constitution, me dit-il, est un chef-
» d'œuvre, mais c'est dommage qu'elle soit
» faite pour des hommes de notre siècle. La
» révolution, m'ajouta-t-il, a tout changé,
» tout réformé, excepté les mauvaises mœurs.
» Tant que la vertu, continua-t-il, ne prendra
» pas chez les hommes la place du vice, ou
» pour mieux dire, tant que le nombre des
» vicieux sera supérieur à celui des vertueux
» citoyens, il faudra nécessairement à la répu-
» blique une constitution décidément robuste
» et imposante, pour pouvoir enchaîner la

» malveillance d'une manière efficace; sans quoi
» l'édifice de la liberté sera toujours chancelant,
» et finira ensuite par s'écrouler.

Cette vérité a été dès-lors sentie et répétée, non-seulement par la plus grande partie des républicains; mais elle l'a été aussi, (il me déplaît de le dire), par le plus grand et le plus terrible ennemi des républiques.

C'est le célèbre Pitt qui, dans une discussion relative aux Finances le 14 messidor an 7, laissa percer, plus encore qu'auparavant, sa politique à l'égard de la France. Il assura en plein parlement que *cette république avait dans son intérieur trop peu d'amis, pour pouvoir durer long-tems, et qu'une paix stable et une république constituée comme celle de France, lui semblaient toujours incompatibles......*

Ici je ne puis m'empêcher de m'écrier, ô Français, jusques à quand ignorerez-vous, pour votre malheur et pour celui de toute l'Europe, une vérité si importante ? Jusques à quand exigerez-vous que les étrangers et même vos plus cruels ennemis vous la répètent et vous la fassent connaître?.. Vous avez déjà fait quelque chose depuis, en changeant votre constitution ; mais cela n'est encore rien en comparaison de ce qui vous reste à faire. Sachez que si vous ne renoncez pas à cet affreux *Modérantisme* qui règne parmi vous, vous n'aurez jamais de paix solide, ni de repos, ni de bonheur à espérer.

Et comment pourriez-vous prétendre à une paix solide, si vous conservez dans votre sein, les ennemis les plus fiers, les plus audacieux, les plus cruels et les plus coupables enfin que vous ayez à combattre? Ne savez-vous pas que ce sont les ennemis de l'intérieur que vous avez le plus à craindre? ignorez-vous que ce sont eux qui paralysent les sages dispositions du gouvernement, qui prêchent la désobéissance aux lois, qui corrompent et séduisent les esprits faibles, qui font déserter vos soldats, et dépeuplent vos armées, qui attirent enfin l'ennemi extérieur dans vos foyers, et qui trament de toutes les manières contre votre nouvelle constitution, et contre votre liberté ?

Sévissez , mes amis, mais sévissez *la loi à la main ,* contre de semblables scélérats ; voila la mesure la plus nécessaire , voilà le moyen le plus infaillible de désarmer la coalition étrangère, et de lui ôter tout espoir de jamais vous atteindre. Ce sera toujours en vain que vous ferez la guerre à l'étranger , si vous ne prenez pas le parti d'attérer les ennemis de l'intérieur. Sévissez , vous dis-je , contre ces êtres pervers , et hâtez-vous de le faire , sans quoi votre république n'aura été qu'une chimère. Ce sont eux qui l'ont déjà mise plusieurs fois à deux doigts de son tombeau, et qui ne se désisteront pas de leurs coupables desseins, tant que vous ne réprimerez pas leur audace.

Français , vous voulez la république, vous la voulez sans doute , puisque c'est vous qui l'avez créée aux dépens de votre sang et de vos richesses ; vous la voulez et il la faut, puisque c'est le seul gouvernement qui convienne à la dignité de l'homme ; mais pour l'avoir d'une manière solide et durable , souvenez-vous qu'il faut qu'elle soit non-seulement administrée, mais encore habitée par des républicains , et que *la propagation de toute opinion opposée à ce système , soit soigneusement et sévérément interdite;* autrement votre république ne pourra pas plus subsister qu'un état monarchique qui serait régi ou habité par des Démocrates.

Si dans un royaume , par exemple , l'on permettait que l'on y propageât les maximes républicaines ; si l'on y tolérait que le peuple manifestât ouvertement son desir pour la liberté , où en seraient, je vous le demande , le roi et ses courtisans ? Vous conviendrez facilement avec moi que leur règne ne serait pas de longue durée. Or comment voulez-vous que votre république subsiste , comment voulez-vous réussir à la faire aimer du peuple , si vous souffrez par un modérantisme mal conçu , et une liberté sans limite, que vos ennemis viennent à chaque instant, sous vos propres yeux , tenter de rendre inutiles tous les efforts que vous ne cessez de faire pour le bien public.

Les rois, vous le savez , bien loin d'adopter une semblable tolérance , ont toujours été persuadés, au contraire , qu'ils ne pouvaient pas soutenir leur trône par eux mêmes; c'est pourquoi ils ont de tout tems eu grand soin de mettre dans leurs intérêts les deux classes d'hommes les plus corrompues , savoir, les nobles et les prêtres; les premiers pour sévir impitoyablement contre le peuple , afin de l'intimider, et les derniers pour l'hébêter et l'abrutir , afin de pouvoir le réduire à se reconnaître et à se déclarer volontairement le très-humble esclave de son prétendu souverain.

Mais vous qui ne voulez que le bien-être et la félicité de ce même peuple, vous qui voulez le détromper des erreurs grossières que lui ont inculquées le double despotisme royal et sacerdotal; vous qui voulez enfin le remettre dans la libre possession de ses droits, pourquoi, au lieu de vous entourer de ces philosophes purs qui pourraient seconder et faire exécuter vos bonnes intentions, pourquoi, dis-je, souffrez-vous au contraire que les mêmes charlatans, les mêmes tyrans subalternes , qui ont toujours été les fidèles appuis du trône, figurent encore parmi vous dans tous les emplois ? Pourquoi leur facilitez-vous ainsi les moyens de s'opposer impunément à vos vues bienfaisantes, et de continuer à propager leurs doctrines empoisonnées sous l'actuel système républicain ? Ne voyez-vous pas qu'en agissant de cette manière, vous provoquez les maux que vous voudriez éviter, et vous éloignez le bien que vous êtes intentionnés de faire ? Ne vous apercevez - vous pas enfin qu'une telle politique n'est propre qu'à favoriser vos ennemis, et à les rendre toujours plus audacieux ?....

Déjà leurs prosélytes se grossissent, et de tous côtés vous n'entendez plus parler que haine aux patriotes, amour et fidélité à l'ancien régime. Le mal empire tous les jours, et pour peu que vous retardiez d'y apporter remède, c'en est fait de la république.

Dépêchez-vous, Français; hâtez-vous de la secourir, je vous en conjure tant pour votre bien que pour celui de toutes les républiques vos alliées; prenez l'énergie qui vous convient, renoncez à ce maudit tolérantisme qui creuse votre précipice ainsi que celui de tous vos amis. Je vous le prédis de nouveau ; vous n'aurez de tranquillité qu'autant que vous purgerez votre sol de tous les royalistes et fanatiques qui l'infestent ; l'ennemi de l'extérieur ne perdra jamais l'espérance de vous culbuter, tant que vous ne ferez pas cette opération salutaire. Il faut que votre intérieur en impose, sans quoi vous êtes perdus.

Les amis que vous avez dans l'étranger, ces philosophes purs qui ont fait, en toute occasion, des sacrifices pour accélérer le terme de votre révolution et contribuer à votre bonheur, avaient fondé, comme ils fondent encore toutes leurs espérances sur vous. Partisans sincères et inébranlables de la liberté et de l'égalité, ils ont toujours cru que vous auriez su en faire *aimer et respecter* les principes sacrés dans votre intérieur, et que le bon exemple, que vous y auriez donné, aurait conduit sans effort tous les peuples à l'amour de la vérité et à la haine des préjugés et de l'imposture. Mais ils voient aujourd'hui, avec regret, qu'après dix ans de lutte et de secousses continuelles, vous avez malheureusement fini par tomber dans une perplexité, d'autant plus fâcheuse qu'elle peut être considérée comme *le premier pas rétrograde* du système républicain.

La foudre militaire et la sagesse, ainsi que la force des lois, étaient les deux moyens efficaces qu'on s'attendait que vous auriez déployés, pour consolider votre régénération. Avec le premier, vous deviez terrasser ces phalanges meurtrières de l'étranger qui voulaient vous redonner des fers; avec le second vous auriez infailliblement réussi à comprimer les méchans de l'intérieur, et à leur ôter tout espoir de nuire à la cause publique.

Votre début dans la carrière révolutionnaire annonçait de votre part l'adoption de ces deux importantes précautions.

En effet, dès que la guerre a été à l'ordre du jour, vous avez opposé des armées nombreuses aux cohortes coalisées, et vous les avez vaincues. Vous vous êtes également bien montrés un instant, contre les ennemis de l'intérieur; mais dans le tems même que tous vos amis se réjouissaient avec vous de vos triomphes, dans le tems qu'ils se promettaient les succès les plus heureux de la suite de vos opérations, l'énergie et la fermeté vous ont tout-à-coup abandonnés.

Dès lors toutes les passions se sont déchaînées contre vous : vos lois ont d'abord été ou insuffisantes ou inobservées ; les malveillans ont pris sur vous le dessus, et la France est devenue le théâtre des scènes les plus scandaleuses. L'égoïsme, le chouanisme, le royalisme, le fanatisme, le faux patriotisme déguisé sous différentes formes, le terrorisme et enfin le modérantisme l'ont déchirée et ensanglantée tour-à-tour ; et lorsque vous vous êtes finalement aperçus que cette tourbe de malveillans, sous diverses dénominations, travaillaient à grande force pour renverser la République, lorsque vous avez été parfaitement convaincus, par l'expérience, qu'il vous fallait de toute nécessité un gouvernement fort et robuste pour vous opposer aux efforts réitérés, et aux manœuvres continuelles des méchans, vous avez encore adopté, comme remède spécifique, ce dernier et affreux sistême qui coûta tant de sang à la France et qui fournit à la malveillance de nouvelles armes pour vous attérer avec plus de certitude et de célérité.

Vous savez que le modérantisme aiguisa les poignards de la faction thermidorienne, et qu'il enfanta cette multitude de brigands meurtriers, connus sous les noms-mémorables de compagnie de Jésus, compagnie du Soleil *et bandes d'assommeurs*, dont les crimes et les attentats ne cèdent en rien à ceux qui se commirent sous le détestable régime de la terreur ; vous savez enfin que rien ne dégrada plus l'esprit public en France, et que rien ne fit plus mépriser la République que le régime du modérantisme, et cependant vous avez pris ce système pour votre guide, et vous l'avez prôné partout, comme l'unique moyen de réconcilier les esprits, de les attacher sincèrement à cette République de laquelle il les a constamment éloignés. Comment peut-il arriver, dites le moi, que la même cause produise successivement les deux effets contraires ?

Mais Français, quel malheur est le vôtre ! Est-il possible que vous ne puissiez pas trouver, une fois pour toutes, le seul et vrai moyen dont vous avez besoin pour ramener chez vous cette paix et cette tranquillité qui vous sont si nécessaires, et que vous desirez si ardemment? Par quelle fatalité avez-vous pu négliger jusqu'ici la chose la plus importante et la plus facile, et par quelle espèce de nouvelle politique ou plutôt par quelle erreur, prétendez-vous aujourd'hui calmer les passions, réunir les esprits, anéantir les factions, avec des mesures qui ont déjà produit et qui doivent immanquablement reproduire des résultats diamétralement opposés?

Neutralisons, dites-vous, et pour neutraliser employons le modérantisme.

Mais en neutralisant, ne voyez-vous pas que vous censurez et condamnez, tout-à-la fois, le bon et le mauvais esprit, comme s'il s'agissait ici d'une querelle d'enfans qui n'intéresse personne et qu'on fait ordinairement cesser, en imposant silence ou en appliquant le fouet aux deux querelleurs? Ne concevez-vous pas, dis-je, qu'une telle opération est impolitique et insultante, et que bien loin d'anéantir vos ennemis, elle doit nécessairemeut en augmenter le nombre ?

Les bons ne pourront pas s'empêcher de manifester leur mécontentement envers vous, à cause de l'injustice que vous leur faites de les confondre avec les méchans; et ceux-ci, par contre, deviendront toujours plus audacieux et plus téméraires, en proportion que leurs délits resteront impunis.

J'ai toujours entendu dire , et vous savez, sans doute, mieux que moi, que *les méchans sont le fléau de la société, et que tout acte de douceur et d'indulgence exercé par le gouvernement à leur égard , est une injustice envers eux, une tyrannie envers les bons et une infraction aux lois.*

Or , si au lieu du mot *neutraliser*, vous aviez adopté celui de *simplifier,* en vous en tenant strictement à l'exacte et rigoureuse observance des lois qui crient, de toutes leurs forces, « protection » aux honnêtes citoyens, guerre aux malveillans » vous auriez, à coup sûr, mieux réussi à réunir les esprits ; car de deux choses l'une , ou la cause que vous avez embrassée est juste , ou elle ne

l'est pas ou vous voulez sincèrement le tri-
omphe de la République, ou vous feignez seulement de le vouloir.

Dans le premier cas qui est le seul que je
puissse présumer, pourquoi donc n'avez-vous
pas employé tout le pouvoir dont vous êtes
revêtus, pour faire taire les éternels ennemis
de cette même cause ? Pourquoi ne les avez-vous
pas forcés, dès le commencement, à se pros-
terner devant la majesté inviolable des lois, et
pourquoi finalement osez-vous commettre aujourd'hui l'injustice criante de taxer de factieux
ceux qui ont créé et conservé la République;
ceux qui ont fait toute sorte de sacrifices pour
elle; ceux enfin qui se sont toujours montrés ses
amis et ses apôtres les plus dévoués?

N'est-il pas honteux pour vous, je vous le
demande, de confondre de semblables hommes
avec tous ces scélérats, qui ont tenu et qui tien-
nent encore une conduite opposée à la leur?
D'ailleurs si vous êtes républicains, comme on
doit le croire, par quel intérêt, par quelle politique ou par quelle spéculation incompréhen-

sible avez-vous cru devoir mettre au rang des factieux et des perturbateurs du repos public, ceux qui ont les mêmes sentimens et qui professent les mêmes maximes que vous? Comment pouvoir concilier votre manière de penser avec votre façon d'agir?...

Gouvernans, en m'adressant aux français, c'était à vous, principalement, à qui je voulais parler. Vous qui avez l'honneur de représenter une nation qui doit être un jour le modèle de toutes les autres, vous qui êtes élevés à la première magistrature par le vœu du peuple, pour travailler sans relâche à la prospérité de votre patrie et au bonheur de vos concitoyens ; comment avez-vous pu imaginer de pouvoir atteindre ce double but, en tenant une pareille conduite ? L'Europe entière qui a continuellement les yeux fixés sur vous, vous crie, depuis dix ans, que la seule et unique route que vous devez suivre pour satisfaire à tous vos devoirs, c'est celle que vous indique la justice.

Pourquoi donc persistez-vous à ne vouloir point céder à sa voix imposante, et qu'au lieu de prendre cette route salutaire qu'elle vous suggère, vous vous égarez, sans cesse, dans des sentiers tortueux qui vous conduisent d'écueils en écueils, jusqu'à votre perte certaine?

Personne ne doute de la bonne foi avec laquelle vous agissez; tout le monde, au contraire, connaît, admire et loue la pureté de vos intentions. On sait que vous voudriez paralyser et même dissiper entièrement toutes sortes de factions *sans faire de mécontens;* mais on est étrangement surpris que vous n'ayez pas encore pu vous convaincre qu'un semblable miracle n'est point facile à opérer, et que, lorsqu'on entreprend de contenter tous, c'est alors qu'on réussit malheureusement à ne contenter personne. Il y a toujours eu des mécontens, il y en a aujourd'hui, et il y en aura encore à l'avenir, sans qu'il soit ou qu'il puisse être au pouvoir d'aucun gouvernement quelconque, d'empêcher qu'il en existe ou d'obtenir qu'il n'en existe plus.

Revenez donc, puisqu'il en est encore tems; revenez, je vous en conjure, de toutes vos erreurs; adoptez, promptement et avec fermeté, les seules maximes qui conviennent à la dignité de la cause que vous défendez, et aux intérêts du grand peuple que vous représentez.

Rappelez-vous surtout qu'il n'existe qu'une justice, et que cette justice ne saurait être remplacée par une chose équivalente, en ce que rien ne peut être équivalent à une chose unique; elle ne peut pas non plus être ni mitigée, ni modifiée, ni amplifiée, ni *modérée*; car si elle était susceptible de quelque variation, ou de quelque changement, elle ne pourrait plus s'appeler justice, comme en effet, elle ne le serait plus.

Rappelez-vous aussi que c'est toujours la justice qui doit dicter les lois, et qui doit présider à leur exécution.

Rappelez-vous finalement que partout où il y a des lois, il est à présumer qu'il y a des récompenses à donner et des peines à infliger, et qu'il est toujours plus glorieux pour un gouvernement, d'avoir su *prévenir les délits, en contenant les mal-intentionnés, que d'avoir pu atteindre et punir des coupables.*

Si vous convenez avec moi de la vérité de

ces trois maximes fondamentales, vous conviendrez facilement des suivantes.

1°. Que tous les soins, tous les efforts, toutes les dispositions d'un gouvernement républicain, doivent être dirigés vers l'unique fin de se faire aimer et respecter tant à l'intérieur qu'à l'extérieur.

2°. Que le vrai moyen de parvenir à ce double but, consiste à établir et à maintenir le bon ordre au-dedans, et la bonne harmonie au-dehors.

3°. Qu'un tel degré de félicité et de prospérité publique, doit nécessairement s'obtenir, 1°. par l'exemple édifiant que le gouvernement doit toujours donner dans toutes ses actions ; 2°. par une éducation très - soignée chez le peuple ; 3°. par une bonne et scrupuleuse administration de la justice ; 4°. enfin par des relations sincérement amicales et loyales avec l'étranger. Nous n'aurons jamais de démêlé avec nos voisins, si nous sommes justes envers eux, et s'il arrivait qu'ils ne le fussent pas envers nous, la république aura toujours les moyens de repousser toute agression injuste : les citoyens de tous les âges se feront un devoir sacré de concourir de tout leur pouvoir à la défense de la patrie. En un mot, si vous voulez faire triompher la république au-dedans et au-dehors, il faut nécessairement faire triompher la justice.

La justice n'est point cette furie infernale, armée du glaive de la terreur, comme le prétendent les soi-disant modérés; elle n'est pas ce monstre altéré de sang, qui desire avec avidité d'abattre des têtes et de faire des victimes : elle est au contraire, cette vierge pacifique qui cherche partout avec zèle des innocens, et qui ne rencontre des coupables qu'avec regret (1) :

____

(1) Je me serais dispensé de faire ici cette digression, si je n'étais pas encore affecté des désagrémens que j'ai éprouvés pendant ma retraite en France, lors de l'invasion de l'Italie par les Austro-Russes. Lorsque dans quelque cercle j'entreprenais de parler en faveur des lois et de la justice, on me répondait d'abord : « vous » êtes un terroriste, monsieur; votre langage, me disait » un autre, sent le jacobinisme; prenez garde, me disait-» on, de vous faire connaître pour tel, vous deviendriez l'objet de la risée et du mépris public. Les

impartiale devant tous et envers tous , elle veut, d'une manière absolue , qu'on rende à César ce qui appartient à César; elle veut aussi que le bon et paisible citoyen soit honoré et protégé , que le malveillant soit surveillé et contenu, et que le criminel soit puni selon les lois , en proportion de son crime ; elle exige impérieusement qu'on évite avec un soin très-particulier

----

» principes que vous professez, monsieur, ne sont plus
» de saison en France; notre système d'aujourd'hui est
» le *modérantisme* ».

Qui l'aurait jamais cru, me disais-je, qu'un peuple qui était réservé aux plus hautes destinées, dût malheureusement finir par se faire un devoir de mépriser les lois et la justice, sous le faux et ridicule prétexte d'honorer la *modération !!!* C'est ce qui m'a fait dire je crois, avec raison 1º. *que les erreurs des gouvernemens entraînent des maux toujours difficiles à réparer et souvent irréparables;* 2º. *que les peuples sont toujours ce que leurs respectifs gouvernemens veulent qu'ils soient;* d'où s'en suit que *si les peuples ne sont pas tels qu'ils doivent être, c'est toujours la faute du gouvernement.*

de donner de justes motifs de plainte aux peuples étrangers ; mais elle veut par contre, qu'on repousse rigoureusement par la force, toute insulte, toute provocation, toute agression injuste de leur part.

C'est par une telle conduite qu'un gouvernement républicain s'attire l'admiration et l'estime générale tant à l'intérieur qu'à l'extérieur ; c'est enfin en partant de ces principes, qu'un gouvernement peut parvenir à faire respecter la souveraineté du peuple, dont il a l'honneur d'être le dépositaire.

Gouvernans, voilà en peu de mots, le système que le monde entier vous propose de substituer à votre *Modérantisme désorganisateur*. L'expérience du passé, l'état présent des choses, et la crainte d'un plus fâcheux avenir, vous font un devoir non-seulement de l'adopter, mais encore d'en recommander la pratique dans tous les états républicains qui vous sont subordonnés ou alliés. Tout vous avertit que ce n'est qu'en *simplifiant*, et non en *neutralisant*, que vous parviendrez à cette heureuse fin si desirée par tous les amis du genre humain.

Examinez la chose de près, et soyez vous-mêmes juges dans votre propre cause, après avoir bien attentivement prêté l'oreille à ce que vous pronostique, à ce que vous fait observer et à ce que vous suggère la saine raison.

Elle vous prédit que la grande querelle qui divise les hommes, depuis votre révolution, ne doit cesser dans les républiques, que par la chûte légale de l'un des deux partis, et non par celle de tous les deux, comme vous l'avez cru mal-à-propos jusqu'ici.

Elle vous fait observer que si le parti républicain est forcé de se taire dans les états monarchiques, vous devez à votre tour, imposer silence au parti royaliste qui existe dans les républiques; car si c'est un crime d'être Français en Russie, il en doit être un, par la même raison, d'être Russe en France. Voilà le seul moyen de faire cesser toute dissension quelconque ; voilà la seule manière de ramener le bon ordre et d'é-viter toute effusion de sang.

Voici maintenant ce que vous suggère la raison.

Il faut la *Modération*, vous dit-elle ; mais il faut que cette modération soit inséparable de la justice, car là où il n'y a pas de justice, *il n'y a également plus de Modération*.

Il ne faut point de factions ; mais il ne faut pas non plus traiter de factieux, les amis les plus ardens et les plus sincères des lois et de la République ; sans quoi vous donneriez lieu à soupçonner, avec raison, que vous n'êtes point d'accord avec les seuls principes qui doivent vous caractériser, et vous mériter la confiance publique dans le poste honorable que vous occupez.

Il ne faut point de vengeance particulière ; c'est-à-dire qu'il ne faut pas que personne puisse se venger de ses propres mains ; mais il faut que les lois veillent à la sûreté de tous, et qu'elles épousent, en tous tems, la querelle des offensés ; car il ne faut pas oublier *que les vengeances illégales sont ordinairement produites et provoquées par l'impunité des coupables.*

Il ne faut point de terreur ; c'est-à-dire qu'il

ne faut pas d'actes ni de jugemens arbitraires; mais il faut de toute nécessité contenir les malveillans par la force des lois; sans quoi ils trameront toujours contre la sûreté publique.

Il faut pardonner à nos ennemis ;... ce précepte ne saurait être plus beau , puisqu'il est renfermé dans la doctrine de *Jésus-Christ ;* mais comme il pourrait se faire que nos ennemis fussent ingrats envers nous, et qu'ils considérassent notre indulgence envers eux, pour une lâcheté de notre part, ou pour une portion de la justice qu'ils croiraient leur être due, il convient, en leur pardonnant, de les mettre hors de cas de nous nuire sans quoi il n'y aurait jamais de paix ni de tranquillité assurée pour nous. *L'homme de bien ne peut vraiment être libre , que lorsque la malveillance est enchaînée :* voilà ma conclusion.

Si vous n'avez rien à repliquer à toutes ces maximes, vous approuverez, sans doute, avec empressement, les dispositions qu'elles commandent, et la République sera sauvée. Ainsi soit-il.

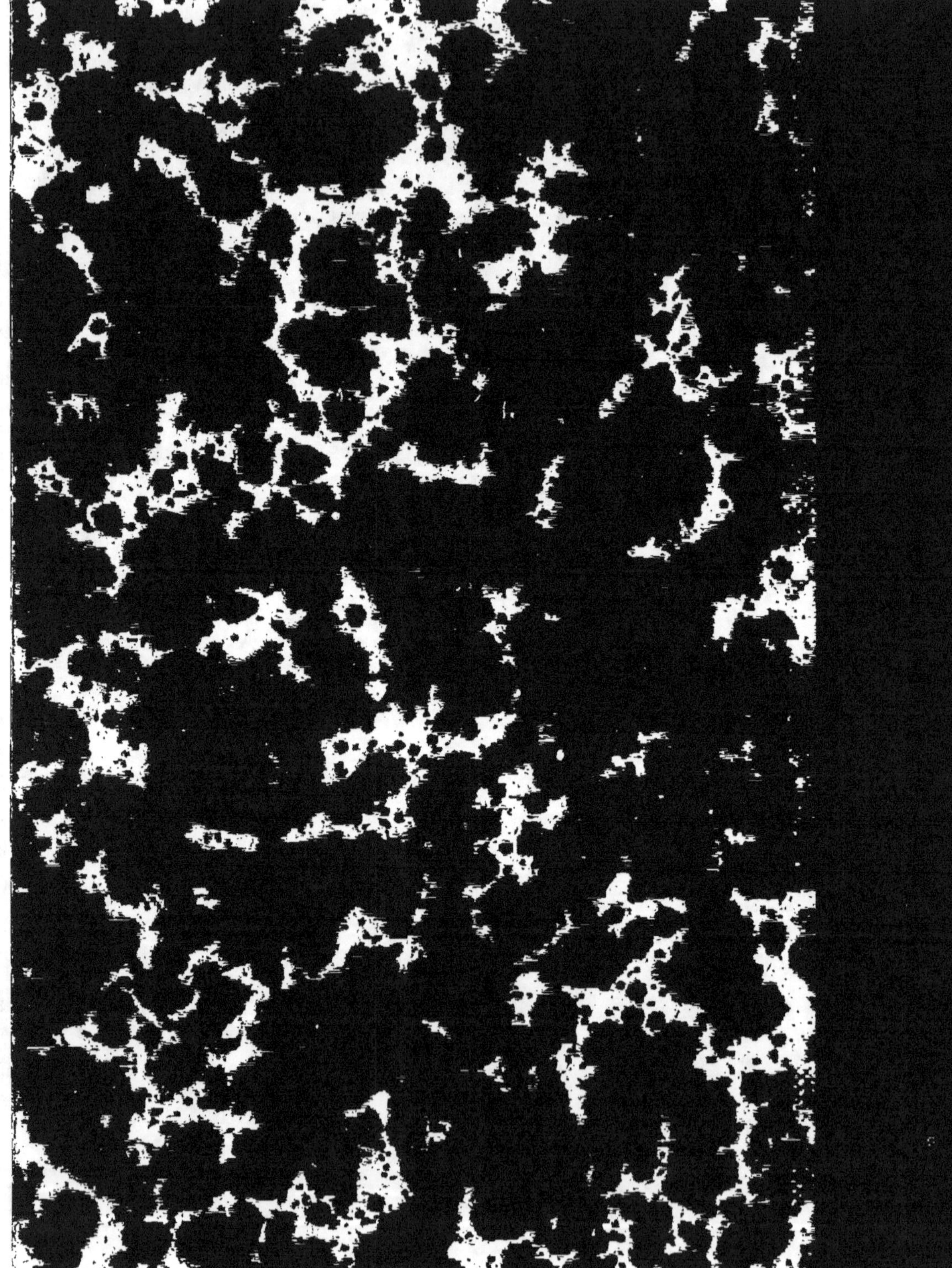

9 782013 282239